क़लम और स्याही
(Pen and Ink)

Arash Singh

BookLeaf Publishing

India | USA | UK

Presentation by *BookLeaf Publishing*

Web: www.bookleafpub.com

E-mail: info@bookleafpub.com

ISBN: 9789357446327

First edition 2022

यूँ ही बीती जा रही है ज़िन्दगी

यूँ ही बीती जा रही है ज़िन्दगी...
जैसे पतझड़ में बेपरवाह सी हवा चल रही ॥
मेरे हाथों से हो गर्म सी रेत फिसल रही ॥
न बंद कर सकूँ मैं मुट्ठी को न भर सकूँ मैं और...
इस कदर है देखो मोमबत्ती पिघल रही ॥

शायरी और ममता

हर आहट है सुनती,
वो अंग अंग को बुनती ॥
वो करुणा से पालती,
है आदतों को ढालती ॥
कितना ख़याल करती,
जो बिगड़े तो डरती ॥
वो लिखती है मन से,
आत्मसमर्पन से ॥
है शायर या मा वो,
है मन आतमा वो ॥
ख़यालों में सहेजे,
छू जाती कलेजे ॥
स्रजन स्रजनकारी,
अद्भुत और न्यारी ॥
है शायर या मा वो,
ख़ुदाई या ख़ुदा वो ॥

दर्द-ए-दिल

ये दर्द का रिश्ता इस दिल से इतना गहरा क्यूँ है ?
इस दर्द के चलते मेरी रातों पर तन्हाई का पहरा क्यूँ है ?
अब तो इश्क किए भी ज़माना होगया दिल का टूटना भी पुराना होगया...
दिल न जाने फिर भी ग़म-ए-आलम में ठहरा क्यूँ है ?

कर परवाह उस बेपरवाह वक़्त की

ऐ हुस्न इतना इतरा मत अपने होने में,
कुछ और नहीं तो वक़्त ही लगेगा तुझे खोने में,
बेपरवाह मत बन, कर परवाह उस बेपरवाह वक़्त की,
इश्क़ कर...
वार्ना तवारीख़ में पड़ा पड़ा सड़ जाएगा किसी कोने में
||

परवाने की ज़िन्दगी

मैं इस जहां में आया हूँ तेरे लिए, तू आई है मुझे
मुहब्बत सिखाने के लिए ॥
मैंने जिसके लिए हर धड़कन लुटा दी, फुर्सत ही नहीं
उसे अपने दीवाने के लिए ॥
आशिक़ों की हालत देख कर कोई भी समझदार
आलिम इश्क़ नहीं करेगा...
औरों को शमा से क्या मतलब, लेकिन वही ज़िन्दगी
है परवाने के लिए ॥

ऐसा जादू चला दिया

तूने आँखों में आँखें डाल कर कुछ ऐसा जादू चला
दिया,
नदियों ने बहना, झरनों ने गिरना, हम ने सांस लेना
भुला दिया,
तेरी दीद ही सांसें है अब, तुझ ही से है ज़िन्दगी...
तूने बूंदों को आब से, नींदों को ख़्वाब से, हमें महताब
से मिला दिया ॥

कंगाल अमीरी

हमने दिल उन्हें दिया जो हमें ज़ुबां न दे सके,
हमने ज़िन्दगी लुटा दी, वो एक शाम न दे सके,
हीरों से भरी खान हो चाहे पास उनके...
मेरे एक आंसू का फिर भी वो दाम न दे सके ॥

सुरमई निगाहें

तेरी सुरमई निगाहों को जो देखलें तो नज़रें झुक जाती
हैं,
और जो न देखें तोह कम्बख़्त इस दिल को वही नज़र
आती हैं ॥

तू है तो...

तू है तो इस दिल को सुकून, आँखों को राहत है ॥
तू है तो ज़िन्दगी में जूनून, मेरे शेरों में चाहत है ॥

वादा

चाहे इंतज़ार सदियों सदा हुआ,
उनसे हक़ न हमारा अदा हुआ ॥

छोड़ देना मुझे

जिस दिन मेरा प्यार तेरे पैरों की ज़ंजीर बन जाए... तो तुझे क़सम है मेरी... तोड़ देना उसे ,
जिस दिन मेरे प्यार की डोर से तेरे हाथों को दुख लगे... तो तुझे क़सम है मेरी... तोड़ देना उसे ,
किसी ने अच्छा ही कहा है कि ताल्लुक़ बोझ बन जाए तो उसको तोड़ना अच्छा...
जिस दिन तेरे सीने में मेरे दिल के लिए जगह न बचे... तो तुझे क़सम है मेरी... मोड़ देना उसे...

दिल-ए-नादाँ

बेवफाओं से भी वफ़ाएं की हैं,
मुहब्बत जैसी दिल-खराश ख़ताएं की हैं,
ऐसी ऐसी गलियों से गुज़रा है यह दिल...
कि मैंने खुद की सांसें रुक जाने की दुआएं की हैं ॥

दीद-ए-सुखन

जब जब तेरी आँखें बंद होती हैं,
तब तब निहारता हूँ मैं तुम्हें ॥
अब तक़ल्लुफ़ क्या करूँ यह कहने में,
कुछ तोह वजह होगी जो मुस्कुराती हो तुम ॥

ख़ूबसूरत सितम

14

यह सितम कैसा है इश्क़ का कि सितमग़र से इश्क़
करते हैं,
तोतली सी ज़ुबां लेकर रूह-ए-सुख़नवर से इश्क़ करते
हैं ॥

थैली

15

पूरी उम्र गुज़र गयी इक थैली भरने में,
मैं वो थैली न भर सका ॥
इस ही जद्दो-जेहद में,
न जूनून से जी सका न सुकून से मर सका ॥

पता नहीं

मेरा सभ कुछ तोह लूट चुका है,
तो यह दिल भारी भारी सा क्यूँ लगता है ॥

हर सपने पर तोह पानी फिर गया,
तो यह दिल क्यूँ सुलग़ता है ॥

प्रेम की डोर को तोह तोड़ दिया उसने,
तो यह दिल क्यूँ उलझता है ॥

सोचो

ख़ुद को तुम रोकते क्यूँ नहीं ?
जब भी मन हो इस मन को टोकते क्यूँ नहीं ?
क्यूँ बेह जाते हो इस बाढ़ में,
अपने पैरों में कीलें ठोकते क्यूँ नहीं ?

जब हमें इश्क़ होगा...

18

जब हमें इश्क़ होगा बादल गुनगुनाएँगे,
बरखा बरसेगी फ़रिश्ते फूल बरसाएंगे,
खूब बर्फ़ गिरेगी गन्धर्व गीत गाएंगे,
इस मन को बाग़ हर मन सजाएंगे ॥

मुझे हक़ है मेरी मर्ज़ी

मैं तेरी ज़ुल्फ़ों से खेलूं,
तेरी आँखों को छू लूँ,
तेरे नखरों को झेलूं,
तेरी यादों में खोलूं,
मुझे हक़ है मेरी मर्ज़ी, तुझे इश्क़ नहीं तेरी मर्ज़ी ॥

तू मेरे अश्क़ों को भूले,
मेरे ख़्वाबों में झूले,
मुझे बिन बुलाये बोले,
मेरे ज़ख्मों को खोले,
तुझे हक़ है तेरी मर्ज़ी, मुझे इश्क़ है मेरी मर्ज़ी ॥

यह इश्क़ पहली बार हुआ था मुझे

तेरी खुली ज़ुल्फ़ों ने बांधा था मुझे,
तेरी बेपरवाह हसी से प्यार हुआ था मुझे,
ऐसा रोग जिसकी हर सांस में लूत्फ हो,
यह इश्क़ पहली बार हुआ था मुझे ॥

हलकी सी बारिश और मिट्टी की ख़ुशबू

सुनसान सी ज़िन्दगी में चलते चलते दिमाग ने दिल
की सलाह ली है...
बेपनाह सी ज़िन्दगी में बारिश हुई तोह एक छत के
नीचे पनाह ली है...

वो अकेली ही कड़ी थी,
सोचा साथ मैं दे दूँ ॥
पहली नज़र में दिल न सही,
उसके हाथ में हाथ मैं दे दूँ ॥

चाँद भी इस क़दर बन के बैठा था गवाह ॥
बादलों के पीछे से छुप छुप के देख रहा ॥

हलकी सी बारिश और मिट्टी की ख़ुशबू ॥
दो गज़ की दूरी सनम गुलरू ॥

नज़रें मिली तो लब मुस्कुराये,
यूँ न लगा के अदब-ए-आम हो ॥
दिल से यह दुआ निकली मेरी हर धड़कन,
हर जनम में सनम तेरे ही नाम हो ॥

यह रात न बीते कहीं चाँद न खो जाए ॥

अभी जागी है क़िस्मत यह फिर से न सो जाए ॥

इस ही आलम में हर जनम जाए ॥
बस कहीं यह बरसात न थम जाए ॥

www.ingramcontent.com/pod-product-compliance
Lightning Source LLC
LaVergne TN
LVHW050311210726
843507LV00020B/3103